My Confirmation
Journal

Diario
de mi Confirmación

AUTORES
AUTHORS

HERMANAS DE NOTRE DAME
SISTERS OF NOTRE DAME

CHARDON, OHIO

LOYOLAPRESS.
UN MINISTERIO JESUITA
A JESUIT MINISTRY

Autores colaboradores / **Contributing writers:**
Paul Campbell, S.J.; Jennon Bell Hoffmann

Traducción al español de / **Spanish translation by:**
Santiago Cortés-Sjöberg, M.Div.

Diseño de portada / **Cover design:** Loyola Press

Ilustración de portada / **Cover illustration:**
© iStockphoto.com/Tolga_TEZCAN (*liston*/ribbon),
Mackey Creations/Shutterstock.com (*paloma*/dove),
iStockphoto/Thinkstock (*fondo*/background)

Diseño interior / **Interior design:** Kathryn Seckman Kirsch

ISBN-13: 978-0-8294-3686-0
ISBN-10: 0-8294-3686-3

Copyright © 2014 Loyola Press, Chicago, Illinois.

Impreso en los Estados Unidos de América /
Printed in the United States of America.

LOYOLAPRESS.
UN MINISTERIO JESUITA
A JESUIT MINISTRY

3441 N. Ashland Avenue
Chicago, Illinois 60657
(800) 621-1008
www.loyolapress.com

18 19 20 21 22 23 24 25 LSC 13 12 11 10 9 8 7 6

Este diario pertenece a

This Journal belongs to

....

quien se está preparando para ser confirmado en el Espíritu.

who is preparing to be confirmed in the Spirit.

Nombre de la parroquia

Name of parish

....

Nombre del párroco

Name of pastor

....

índice/contents

oración /prayer

Oración al Espíritu Santo

Ven Espíritu Santo, llena los corazones de tus fieles.
Y enciende en ellos el fuego de tu amor.
Envía tu Espíritu y serán creadas todas las cosas.
Y renovarás la faz de la tierra.

Oremos:
¡Oh Dios, que has instruido
 los corazones de tus fieles
 con luz del Espíritu Santo!,
 concédenos que sintamos rectamente
 con el mismo Espíritu
 y gocemos siempre
 de su divino consuelo.
 Por Jesucristo Nuestro Señor.
Amén.

....

Prayer to the Holy Spirit

Come, Holy Spirit, fill the hearts of your faithful.
And kindle in them the fire of your love.
Send forth your Spirit and they shall be created.
And you shall renew the face of the earth.

Let us pray:
O God, by the light of the Holy Spirit you have taught the
hearts of your faithful. In the same Spirit, help us to know
what is truly right and always to rejoice in your consolation.
We ask this through Christ, Our Lord.
Amen.

Mi viaje comienza
My Journey Begins

Me llamo / My name is ....

Me gusta mi nombre porque. . .

I like my name because . . .

....

....

Estas son algunas cosas interesantes sobre mí. . .

Some interesting facts about me are . . .

....

....

....

Este es mi autorretrato. / This is my self-portrait.

Las personas más importantes de mi vida son. . .

Important people in my life are . . .

....

....

....

Mi mejor amigo o amiga es .... **porque. . .**

My best friend is .... because . . .

....

....

....

Cuando la gente piensa en mí, espero que piensen en estas cosas:

When people think of me, I hope the following things come to mind:

....

....

....

....

....

....

....

Mi libro preferido es .... **porque. . .**

My favorite book is .... because . . .

....

....

....

....

Mi película preferida es .... **porque. . .**

My favorite movie is .... because . . .

....

....

....

....

Mi canción o cantante favorito es .... **porque. . .**

My favorite song or musician is .... because . . .

....

....

....

....

Algunas de las cosas que más me gusta hacer son. . .

Some activities I like to do for fun are . . .

....

....

Cuando estoy solo, me gusta. . .

When I am alone, I like to . . .

....

....

Cuando necesito desahogarme, lo que hago es. . .

When I need to let off steam, I . . .

....

....

Este es un dibujo de cómo me siento ahora.

This is a drawing of how I feel right now.

Lo que más me gusta hacer con mis amigos es. . .

My favorite activity to do with friends is . . .

....

....

....

Algunas de las cosas que me interesan son. . .

Some of my interests include . . .

....

....

....

porque. . .

because . . .

....

....

....

Algunas de las cosas que no me gustan son. . .

Some things I dislike are . . .

....

....

....

Cuando sea adulto, quiero. . .

When I become an adult, I want to . . .

....

....

....

....

Usa esta línea del tiempo para fijar tus metas para el futuro.

Use this time line to set goals for your future.

Todos podemos ayudar a hacer del mundo un lugar mejor si. . .

Everyone can help make the world a better place by . . .

Algunos de los sueños o metas que tengo para mí son. . .

Some dreams or goals for myself are . . .

....

....

Algunos de mis sueños o metas para mi familia son. . .

Some dreams or goals for my family are . . .

....

....

Algunos de mis sueños o metas para el mundo y la sociedad son. . .

Some dreams or goals for the world and society are . . .

....

....

Al comenzar a prepararme para la Confirmación, lo que espero es. . .

As I begin my preparation for Confirmation, my expectations are . . .

....

....

....

....

strength

fortaleza

fortaleza/strength

Una promesa significa. . .

A promise means . . .

....

....

Una promesa que estoy dispuesto a hacer y cumplir es. . .

A promise I am willing to make and keep is . . .

....

....

Una vez, cuando estaba perdido. . .

Once when I was lost . . .

....

....

....

Cuando todo terminó, me. . .

When the experience was over, I . . .

....

....

....

La Anunciación, He Qi, 2001.

Annunciation, He Qi, 2001.

¿Cómo me está invitando Dios a decir "sí" al Señor, tal y como lo hizo la Virgen María?

How is God inviting me to say yes to the Lord, as Mary did?

Todos en mi familia trabajamos en equipo cuando. . .

My family works as a team by . . .

4

Puedo mostrar bondad hacia otras personas al. . .

I can show kindness to others by . . .

Cuando tengo un día difícil encuentro consuelo y fortaleza en. . .

When I'm having a rough day, I find comfort and strength in . . .

....

....

....

....

....

....

6

Mis amigos son importantes porque. . .

My friends are important because . . .

....

....

....

....

....

....

....

Algunas de las palabras que puedo decir para consolar y apoyar a otras personas son. . .

Some words I can say to comfort and support others are . . .

Oración / Prayer

Le doy gracias a Dios por. . .

I'm thankful to God for . . .

**Le pido a Dios que llene
mi corazón con. . .**

I ask God to fill my heart with . . .

Puedo demostrar mi amor a Dios y a los demás al. . .

I can show my love for God and others by . . .

Mis reflexiones/My reflections

Mis reflexiones/My reflections

belonging
pertenecer

pertenecer/belonging

Cinco cosas sin las que no puedo vivir son. . .

The five things I can't live without are . . .

Son importantes porque. . .

They are important because . . .

....

....

....

....

....

....

La última vez que desobedecí a mis padres o maestros remedié la situación al. . .

The last time I disobeyed my parents or teacher, I remedied the situation by . . .

....

....

¿Cómo me ayudan mi familia y amigos a reconocer el amor de Dios?

How do my family and friends help me know God's love?

....

....

....

¿Dónde he descubierto el rostro de Dios durante este tiempo de preparación para la Confirmación?

Where have I discovered the face of God during this time of preparation for Confirmation?

....

....

....

....

....

13

Vísperas, **Margaret Baird, óleo sobre tabla, 1972.**

Evensong, Margaret Baird, oil on board, 1972.

Los rasgos y características de mi personalidad que creo que dicen más de mí son. . .

My personality traits and qualities that I think stand out the most are . . .

....

....

....

....

....

....

14

Me gustaría ser mi amigo porque. . .

I would want to be friends with me because . . .

....

....

....

....

....

....

....

Pertenecezco a. . .

I belong to . . .

....

....

....

....

....

....

....

....

....

....

....

....

....

....

....

....

....

Estoy cumpliendo con mis promesas bautismales a Dios de las siguientes maneras. . .

I am fulfilling my baptismal promises to God in the following ways . . .

....

....

....

....

....

Al prepararme para la Confirmación, manifiesto a Dios y a los otros lo siguiente. . .

As I prepare for Confirmation, I profess to God and others the following . . .

Si pudiera inventar algo que ayudara a resolver una crisis o problema que ocurre hoy en el mundo, inventaría. . .

If I could invent something that would help solve a crisis or problem happening in the world today, I would invent . . .

....

....

....

....

mi invención/my invention

17

Oración / Prayer

Imagina tu lugar favorito. Después imagina que estás allí y que Jesús está contigo. Jesús te mira expectante. ¿Qué le dirías? ¿Qué piensas que él te diría?

Imagine your favorite place. Then imagine you're there, and Jesus is with you. Jesus looks at you expectantly. What would you say to him? What do you think he'd say to you?

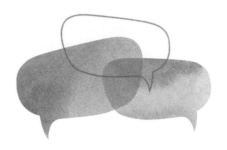

Mis reflexiones/My reflections

Mis reflexiones / My reflections

identity
identidad

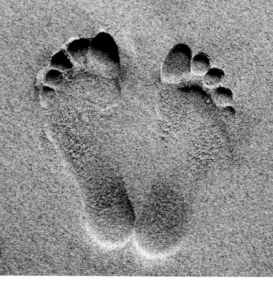

identidad/identity

Mi cita favorita, dicho, o letra de una canción es. . .

My favorite quote, saying, or music lyric is . . .

....

....

Me parece significativa porque. . .

I find it significant because . . .

....

....

Cinco cosas que me gustan de mí mismo son. . .

Five things I like about myself are . . .

1. ....

2. ....

3. ....

4. ....

5. ....

Cuando necesito ayuda y apoyo. . .

When I need help and support, I . . .

....

....

Describe algunas maneras sencillas en las que encuentras a Dios en tu vida cotidiana.

Describe some simple ways you find God in your daily life.

....

....

....

....

....

....

....

....

Jesús nuestro Sumo Sacerdote, a través del Espíritu Santo, nos conduce hacia el amor del Padre, **Elizabeth Wang, 2010.**

Jesus our High Priest, through the Holy Spirit, draws us into the Father's love, Elizabeth Wang, 2010.

Los valores o creencias que he aprendido de mi familia son. . .

Values or beliefs I have learned from my family are . . .

....

....

....

....

....

....

....

24

Lo que más admiro de mis padres o tutores es. . .

What I admire most about my parents or guardians is . . .

....

....

....

....

....

....

....

Mi visión de un mundo perfecto es. . .

My vision of a perfect world is . . .

Un credo o un lema es un principio por el que nos guiamos o la declaración de las creencias que tenemos. Mi credo personal es. . .

A creed or motto is a guiding principle or statement of belief. My personal creed is . . .

....

....

....

....

....

....

En nuestro día a día podemos encontrar situaciones que nos hacen querer aplaudir. Un acontecimiento reciente en el que me dieron ganas de levantarme y aplaudir fue. . .

We can find small acts in our everyday lives that we want to applaud. A recent event that made me want to stand up and cheer was when . . .

Piensa en tu hermano o hermana o, si no tienes hermanos, en un familiar con quien compartas un estrecho vínculo. ¿Cuáles son algunas de sus cualidades especiales?

Think about your brother or sister, or if you do not have siblings, a relative with whom you share a close bond. What are some of his or her special qualities?

Oración / Prayer

Piensa en tus valores fundamentales, en lo que es más importante para ti. Cinco frases con las que puedo resumir aquello en lo que creo en este momento de mi vida son. . .

Think about your core values, what matters most to you. Five statements that reflect what I believe at this moment in my life are . . .

Mis reflexiones/My reflections

Mis reflexiones/My reflections

action
acción

acción/action

Refranes populares tales como "La comida descansada y la cena paseada" o "Más vale prevenir que curar" nos sirven como pautas a seguir para llevar una vida feliz y saludable. ¿Cuál es tu refrán favorito? ¿Por qué?

Well-known sayings such as "An apple a day keeps the doctor away" or "Never go to bed angry" are guidelines for a happy and healthy life. What is your favorite saying? Why?

....

....

....

....

....

....

Piensa en las leyes que rigen nuestra sociedad. ¿Por qué son necesarias? ¿Qué leyes te gustaría cambiar, instituir o eliminar para las generaciones futuras?

Think about the laws that govern our society. Why are they necessary? What laws would you like to change, institute, or eliminate for future generations?

....

....

....

....

....

....

¿Cómo he sentido personalmente la "necesidad" de tomar una buena decisión?

How have I personally experienced the "tug" of making a good decision?

....

....

....

....

....

....

....

....

....

Negación,
Stevie Taylor,
1999.

Denial, Stevie
Taylor, 1999.

Tener libre voluntad significa. . .

Having free will means . . .

....

....

....

....

....

....

....

....

34

La libre voluntad afecta a las decisiones que tomo de la siguiente manera. . .

Free will affects my choices in the following ways . . .

....

....

....

....

....

....

....

....

Piensa en el concepto de hacer algo bueno por alguien cuando alguien ha hecho algo bueno por ti, haciendo que una buena obra lleve a otra. Dibuja una historieta que ilustre la idea de que buenas obras llevan a otras buenas obras.

Think about the concept of paying it forward, whereby one good deed leads to another. Draw a comic strip illustrating the idea of paying it forward.

> **Sam Levenson, escritor y humorista, dijo: "A medida que te hagas mayor descubrirás que tienes dos manos: una para ayudarte a ti mismo, la otra para ayudar a los demás".**
>
> Writer and humorist Sam Levenson has been quoted as saying, "As you grow older, you will discover that you have two hands: one for helping yourself, the other for helping others."

Recientemente he ayudado a alguien. . .

Recently, I helped someone by . . .

....

....

....

....

....

....

La última vez que alguien me ayudó fue. . .

The last time someone helped me was . . .

....

....

....

....

....

....

La beata Teresa de Calcuta eligió vivir y trabajar entre las personas empobrecidas y aquellas que han sido privadas de sus derechos en Calcuta, India.

Blessed Teresa of Calcutta chose to live and work among the impoverished and those deprived of their rights in Calcutta, India.

Algo por lo que luchar que me parece especialmente importante es. . .

A cause close to my heart is . . .

....

....

....

....

....

....

Es importante porque. . .

This cause is important because . . .

....

....

....

....

....

....

....

Oración / Prayer

Cuando rezas lo puedes hacer por algo o por alguien.

Special intentions are people or issues that you keep in mind while praying.

¿Por quién o por qué has rezado últimamente?

Who or what are your special intentions lately?

Escribe una breve oración donde pidas por algo o por alguien que es importante para ti.

Write a short prayer for your special intentions.

....

....

....

....

....

....

Mis reflexiones/My reflections

Mis reflexiones/My reflections

talents
talentos

talentos/talents

El talento o habilidad que poseo del que estoy más orgulloso es. . .

A talent or ability that I'm most proud of is . . .

....

....

Una manera en que puedo usar este talento para ayudar a los demás es. . .

A way I can use my talent to help others is . . .

....

....

....

La habilidad o faceta personal que más me gustaría mejorar o adquirir es. . .

The skill or personal aspect I would most like to improve or acquire is . . .

....

....

Es importante para mí mejorar en este aspecto porque. . .

It's important to better myself this way because . . .

....

....

....

....

Describe una situación cuando todas las "piezas" de tu vida encajaron, cuando te sentiste entero y equilibrado.

Describe a time when all the pieces fit together in your life, when you felt especially together or whole.

Lamentación por Haití, **Tamara Natalie Madden, Estados Unidos, siglo XXI.**

Lamentation pour Haiti, Tamara Natalie Madden, United States, 21st century.

Diez cualidades que un buen amigo debe poseer son. . .

Ten qualities a best friend should possess are . . .

1. ....

2. ....

3. ....

4. ....

5. ....

6. ....

7. ....

8. ....

9. ....

10. ....

Estas cualidades son necesarias porque. . .

These qualities are necessary because . . .

....

....

....

....

....

....

¿Quién es alguien a quien admiras y por qué?

Who is someone you look up to and why?

....

....

....

....

....

....

....

¿Cómo puedes emular a esta persona en tu propia vida?

How can you emulate this person in your own life?

....

....

....

....

....

....

....

Dibuja algunos símbolos que te puedan representar y explica lo que dicen acerca de ti.

Draw a few symbols that represent you and explain what they tell about you.

Santa Catalina de Siena describió su experiencia de orar a Dios como nadar en el mar, profundo y abierto.

Saint Catherine of Siena described her experience of praying to God like swimming in the sea, deep and open.

¿Qué elemento de la naturaleza asocias con Dios? ¿Por qué?

What element of nature do you associate with God? Why?

Oración / Prayer

Piensa en los dones de tu vida, las personas que te quieren y la vida que llevas. Escribe una oración dando gracias a Dios por todo ello.

Think of the gifts in your life, the people who love you, and the life you lead. Write a thanksgiving prayer to God.

Mis reflexiones/My reflections

Mis reflexiones/My reflections

healer
sanador

sanador/healer

Piensa en ti mismo cuando eras un niño. ¿Tenías un juguete favorito o una prenda de vestir especial? Algo que significaba mucho para mí cuando era niño era. . .

Think about yourself as a child. Did you have a favorite toy, or a special article of clothing? An item that meant a lot to me as a child was . . .

....

Ahora que soy mayor, ese mismo objeto. . .

Now that I'm older, that same item . . .

....

Piensa en un amigo cercano. ¿Qué rasgos tienen en común?

Think about a close friend. What traits do you have in common?

....

¿De qué manera son diferentes?

In what ways do you differ?

....

¿En qué manera esas similitudes y diferencias les acercan?

How do your similarities and differences bring you closer?

....

....

Festival de la luz, John August Swanson, 1991.
Festival of Lights, John August Swanson, 1991.

Escribe tu nombre en el centro del espacio que se ofrece. Ahora piensa en las personas con las que mantienes una relación cercana. Alrededor de tu nombre escribe los nombres de las personas y las cosas que son más importantes en tu vida.

Write your name in the middle of the relationship web below. Then think about those connected to you. Around your name, write the names of people or things that matter most to you.

Las personas y las cosas que son importantes para mí han dado forma a mi vida al. . .

The people and things in my relationship web have shaped my life by . . .

. . . .

. . . .

. . . .

. . . .

Cada persona tiene su propia manera de lidiar con el estrés o los momentos difíciles.

Every person has his or her own way of coping with stress or difficult times.

Algo que me levanta el ánimo es. . .

Something that lifts my spirits is . . .

....

....

....

....

....

....

Cuando estoy estresado puedo acudir a. . .

When I'm stressed, I can turn to . . .

....

....

....

....

....

Una vez que tuve que perdonarme a mí mismo fue cuando. . .

A time that I had to forgive myself was when . . .

Piensa en la palabra *perdón* y lo que significa para ti. ¿Cómo te sentiste cuando alguien a quien habías hecho daño te perdonó? ¿Qué sentiste cuando alguien te pidió perdón?

Think about the word *forgiveness* and what it means to you. How did it feel when you received forgiveness from someone you wronged? What was it like when someone asked you for forgiveness?

¿Qué te apasiona? Si pudieras hacer alguna cosa para el resto de tu vida, ¿qué harías? ¿Cómo puedes hacer de esa pasión una realidad?

What are you passionate about? If you could do any one thing for the rest of your life, what would you do? How can you make this passion a reality?

Oración / Prayer

Admitir que me he equivocado es. . .

Admitting when I'm wrong is . . .

Mis reflexiones/My reflections

Mis reflexiones/My reflections

maturity

madurez

madurez/maturity

Una persona de importancia en mi vida es. . .

A person of importance in my life is . . .

....

Esta persona es importante porque. . .

This person is important because . . .

....

....

....

Toda persona tiene la capacidad de ser un superhéroe a diario. ¿Cuál es tu talento o poder? ¿Cómo puedes utilizarlo para ayudar a la comunidad y a los que te rodean?

Every person has the ability to be an everyday superhero. What is your talent or power? How do you use it to help the community and those around you?

....

....

....

....

....

....

....

La Última Cena (detalle), Gaston de La Touche, 1897.

The Last Supper (detail), Gaston de La Touche, 1897.

¿Cómo acepto la responsabilidad de guiar y servir a los demás, al igual que Jesús lo hace por mí?

How do I accept my responsibility to lead and serve others, as Jesus does for me?

63

Los regalos ofrecidos desde corazón pueden significar mucho más que cualquier regalo material.

Gifts from the heart can mean so much more than any material gift.

Un regalo que puedo dar desde mi corazón es. . .

A gift I can give from my heart is . . .

Alguien a quien le puedo dar este regalo es. . .

Someone to whom I might give this gift is . . .

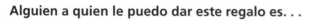

Jesús nos da la bienvenida a todos en su Iglesia. Lo único que nos pide es que vivamos nuestras vidas como él lo hizo, amando al Padre y cuidando de los demás.

Jesus welcomes all of us into his Church. His only request is to live our lives as he did, loving the Father and caring for others.

Puedo vivir siguiendo el ejemplo de Jesús de la siguiente manera. . .

I can live by Jesus' example in the following ways . . .

65

Imagina que estás escribiendo una carta que va a guardarse en una cápsula del tiempo. ¿Qué te gustaría que las futuras generaciones supieran de ti y de tus creencias?

Imagine you are writing a letter that will be locked in a time capsule. What do you want future generations to know about you and your beliefs?

Piensa en los niños necesitados del mundo.

Think about the children of the world who are in need.

Puedo ayudar a los niños necesitados. . .

I can help children in need by . . .

Oración / Prayer

¿Cómo vas a vivir tu vida al máximo de su potencial?
¿Qué te ayudaría a ser la mejor persona que puedes ser?

How will you live your life to your fullest potential? What will help you be the best person you can be?

Mis reflexiones/My reflections

Mis reflexiones/My reflections

purpose
propósito

propósito / purpose

Muchas veces hacemos algo sin pensar en el verdadero propósito y significado que tiene. Piensa en una oración que rezas a menudo. ¿Qué es lo que realmente dice esta oración?

Many times we do something without focusing on the true purpose and meaning behind it. Think about a prayer that you pray often. What is this prayer really about?

....

....

....

¿Qué le estoy pidiendo a Dios cuando rezo esta oración?

What am I asking of God when I pray this prayer?

....

....

....

Piensa con honestidad. ¿A quién o qué das por hecho en tu vida? ¿Qué puedes hacer para mostrar que los aprecias?

Reflecting honestly, whom or what in your life do you take for granted? What actions could you take to show your appreciation?

....

....

....

....

San Ignacio de Loyola nos enseña que el amor se muestra mejor con obras que con palabras. ¿A qué "obras" específicas te vas a dedicar una vez que hayas celebrado el sacramento de la Confirmación?

Saint Ignatius of Loyola teaches that love is shown more in deeds than in words. What particular deeds will you undertake after celebrating the Sacrament of Confirmation?

....

....

....

....

....

....

....

....

....

....

....

....

....

María de Pentecostés, **Cerezo Barredo, 1994.**

Mary of Pentecost, Cerezo Barredo, 1994.

Un ritual en mi vida es. . .

A ritual in my life is . . .

....

....

....

....

....

....

....

....

74

Este ritual es importante porque. . .

This ritual is important because . . .

....

....

....

....

....

....

....

....

Imagina que todo el mundo tuviera que llevar etiquetas en la ropa identificando las cualidades positivas que poseen. ¿Qué dirían tus etiquetas?

Imagine that people wore labels on their clothes that identified positive qualities about them. What would your labels say?

¿Puedes nombrar a algunas personas que conozcas (personalmente o porque sean famosas) que comparten esas mismas cualidades? ¿Cómo lo hacen?

Who are some people you know (either famous or personally) who share these qualities? How?

....

....

....

....

....

Piensa en un momento en que te despertaste con energía y listo para comenzar el día. Esa sensación de emoción y determinación nos puede ayudar a lograr muchas cosas. Como seguidor de Jesús, ¿qué puedes hacer para ayudar a difundir la Buena Nueva?

Think about a time you woke up energized and ready to start the day. That feeling of excitement and purpose can help us accomplish many things. As a follower of Jesus, what can you do to help spread the Good News?

....

....

....

....

....

....

....

....

....

....

....

....

....

....

Al igual que san Ignacio de Loyola, encuentro a Dios en todas las cosas porque. . .

Like Saint Ignatius of Loyola, I find God in all things because . . .

....

....

....

....

....

....

....

....

....

....

....

....

....

Oración / Prayer

¿Dónde te ves dentro de cinco años? ¿Y en diez años? ¿Dónde encaja Dios en tu plan de vida?

Where do you see yourself in five years? In 10 years? Where does God fit in your life plan?

Mis reflexiones/My reflections

Mis reflexiones / My reflections

El día de mi Confirmación
My Confirmation Day

Recibí el sacramento de la Confirmación el .... **de**

(día y mes)

.... **del** .... **en** ....

(año)   (nombre del obispo)   (nombre de la parroquia)

I received the Sacrament of Confirmation on .... of

(date)

.... by .... at ....

(year)   (name of bishop)   (name of parish)

Elegí a .... **como mi padrino/madrina porque. . .**

....

....

I chose .... as my sponsor because . . .

....

Algunas de las maneras en que me preparé para la Confirmación con mi padrino o madrina son. . .

Some ways my sponsor and I prepared for Confirmation are . . .

....

....

Esta es una foto de mi padrino o madrina y yo.

Here's a photo of my sponsor and me.

Mi nombre de Confirmación es .... **en honor a san**

o santa ....

My Confirmation name is .... in honor of Saint

....

Elegí este nombre porque. . .

I chose this name because . . .

....

....

Algunas cosas interesantes sobre este santo son. . .

Some interesting facts about this saint are . . .

....

....

....

Este es un dibujo de mi santo:

This is what my saint looks like:

Antes de empezar a prepararme para el sacramento de la Confirmación, me sentía. . .

Before I began to prepare for the Sacrament of Confirmation, I felt . . .

....

Ahora me siento. . .

Now I feel . . .

....

Los dones y los frutos del Espíritu Santo me van a ayudar a. . .

The Gifts and Fruits of the Holy Spirit will help me . . .

....

83

....

Escribe una oración a Dios en este espacio.

Write a prayer to God below.

Reconocimientos / Acknowledgments

Ilustraciones / **Photography credits: iv** © iStockphoto.com/tuja66. **iv** © iStockphoto.com/tuja66. **v** Comstock/Thinkstock. **1** © iStockphoto.com/vesilvio. **3** He Qi, He Qi Arts, www.heqigallery.com. **5** iStockphoto/Thinkstock. **9** © iStockphoto.com/Tolga_TEZCAN. **11** © iStockphoto.com/epicurean. **13** Private Collection/The Bridgeman Art Library International. **15** © iStockphoto.com/Creative_Improv. **21** © William Voon/Veer. **23** Image by Elizabeth Wang, RL Code T-05121-CW-V3, © Radiant Light 2010, www.radiantlight.org.uk. **31** Jimmy Lopes/Hemera/Thinkstock. **33** Private Collection/The Bridgeman Art Library International. **34** © iStockphoto.com/petekarici. **41** © iStockphoto.com/mitza. **43** Private Collection/The Bridgeman Art Library International. **51** © iStockphoto.com/Jasmina007. **53** Festival of Lights, Copyright 2000 by John August Swanson, Serigraph 30 ¾" x 24", www.JohnAugustSwanson.com, *El artista angelino John August Swanson es conicido por sus cuadros y láminas originales de gran detalle y brillante colorido. Sus obras se encuentran en el National Museum of American History de la Smithsonian Institution, en la Tate Gallery de Londres, en la colección de arte religioso moderno de los Museos Vaticanos y en la Bibliothèque Nationale, Paris/* Los Angeles artist John August Swanson is noted for his finely detailed, brilliantly colored paintings and original prints. His works are found in the Smithsonian Institution's National Museum of American History, London's Tate Gallery, the Vatican Museum's Collection of Modern Religious Art, and the Bibliothèque Nationale, Paris. **61** javarman/Shutterstock.com. **63** Hermitage, St. Petersburg, Russia/The Bridgeman Art Library International. **71** Kelly Nelson/Shutterstock.com. **73** M. Cerezo Barredo. Mary of Pentecost, *mural en la curia de los Misioneros Claretianos*/mural in the curia of the Claretian Missionaries, Rome, 1994. **74** © iStockphoto.com/Creative_Improv.